LA

RELIQUE DE MOLIÈRE

DU CABINET

DU BARON VIVANT DENON

PAR

M. ULRIC RICHARD-DESAIX.

———

Portrait du Baron Vivant Denon,
dessiné et gravé à l'eau-forte, par lui-même.

A PARIS,

CHEZ VIGNÈRES, ÉDITEUR D'ESTAMPES, RUE DE LA MONNAIE, 21,
(AU PREMIER);
ET CHEZ ARNAUD ET LABAT, LIBRAIRES,
PALAIS-ROYAL, 215.

———

1880.

LA RELIQUE DE MOLIÈRE

IMPRIMÉ A PETIT NOMBRE.

—

Cette Lettre a paru pour la première fois dans le numéro du 1er juin 1880, de la Revue *Le Moliériste* (Seconde Année). La rédaction, dans la réimpression que nous en donnons ici, a été revue et complètement remaniée par l'auteur. — A. A.

IMP. A. AUPETIT, A CHATEAUROUX.

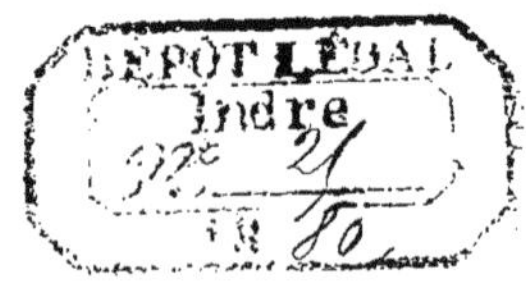

RELIQUE DE MOLIÈRE

DU CABINET

DU BARON VIVANT DENON

PAR

M. ULRIC RICHARD-DESAIX.

Portrait du Baron Vivant Denon,
dessiné et gravé à l'eau-forte, par lui-même.

A PARIS,

CHEZ VIGNÈRES, ÉDITEUR D'ESTAMPES, RUE DE LA MONNAIE, 21,
(AU PREMIER);
ET CHEZ ARNAUD ET LABAT, LIBRAIRES,
PALAIS-ROYAL, 215.

—

1880.

A

MADAME LA COMTESSE

ARTHUR DESAIX

Née Marie de Girardin.

Ma chère Tante,

Vous êtes née et avez grandi dans ce château d'Ermenonville, résidence si connue de ces Girardin, pour lesquels le culte des Grands Hommes fut, de tout temps, une Religion.

Chaque matin, de votre petite chambre de jeune fille, vous avez eu sous les yeux cette admirable vue du lac, des cascades et de — tout au loin! — l'île des Peupliers, où brille, à travers les arbres, le petit point blanc du tombeau de Jean-Jacques.

Votre cœur de femme est resté pénétré de ces grands et poétiques souvenirs.

Sous quelle invocation plus bienveillante, plus efficace, pourrais-je placer cette Histoire d'un « Reliquaire » expressément consacré à d'illustres mémoires, et qui se trouve, si heureusement, aujourd'hui, en votre possession?

Daignez, je vous prie, me permettre de vous en offrir officiellement la Dédicace, et me croire,

Ma chère Tante,
Votre très respectueux et bien affectionné neveu,

ULRIC RICHARD-DESAIX.

LA RELIQUE DE MOLIÈRE

DU CABINET

DU BARON VIVANT DENON

1747-1825

A Monsieur Georges Monval,
Archiviste de la Comédie-Française,
Directeur de la Revue Le Moliériste.

Monsieur ,

VOUS m'avez demandé, cet hiver, de vous donner, par lettre, des renseignements sur le degré d'authenticité que peut offrir aux Fidèles du *Moliériste* le *Fragment d'os de Molière*, actuellement conservé par un membre de ma famille. Si, réellement, cette communication doit intéresser vos lecteurs, rien, pour moi, n'est plus simple et plus aisé que de vous la transmettre. Je souhaite seulement qu'elle leur agrée.

Ce curieux petit débris se trouve enchâssé, en

compagnie de beaucoup d'autres, non moins précieux, dans un Reliquaire gothique, en cuivre doré, d'un travail élégant, de la fin du XVe siècle, ou du commencement du XVIe, — lequel provient, — par ricochet, — du célèbre cabinet du Baron Dominique VIVANT DENON, Membre de l'ancienne Académie de Peinture (de 1787 à 1793), puis de l'Institut de France (Académie des Beaux-Arts), (de 1803 à 1825);

Membre-Fondateur de l'Institut d'Égypte (1798-1800);

Directeur-général (pendant plus de quinze ans) des Musées Impériaux et Royaux, de la Monnaie des médailles, de Sèvres, des Gobelins, etc. ;

Officier de la Légion d'honneur ;

Chevalier des Ordres de Saint-Anne de Russie, et de la Couronne de Bavière ;

Auteur du *Voyage dans la Basse et la Haute-Égypte, pendant les campagnes du général Bonaparte en 1798 et 1799,* etc. (1).

La dispersion de cette collection, à jamais regrettable, et qui eût été si digne, à tant de titres, et par sa richesse, et par le goût si sûr du savant

(1). — *Vid.* dans l'Appendice, imprimé à la fin de cette Lettre, un Relevé bibliographique des diverses éditions, tant françaises qu'étrangères, du *Voyage* de Denon, — relevé plus exact et plus complet que celui du *Manuel* de Brunet (Tome II, colon. 599 ; dernière édition, 1860-65).

qui l'avait formée, de devenir une propriété nationale, eut lieu, au feu des enchères, dans les appartements du Baron Denon, — 5, quai Voltaire, (1) — en 1826, quelques mois seulement après le décès de l'illustre Collectionneur.

Le Reliquaire en question fut, à cette vente, acheté par un marchand, commissionné par le Comte de Pourtalès-Gorgier. — Il lui fut adjugé, divisé en trois lots, pour la somme totale de (les frais de vente et de commission, naturellement, non compris dans ce chiffre) : 5,030 francs (2).

M. de Pourtalès le conserva, religieusement, jusqu'à sa mort.

A la vente de la Galerie-Pourtalès, en 1865, — le Reliquaire repassa de nouveau sous le marteau des Commissaires-priseurs.

Il fut mis sur table, — sous le numéro 1958 du catalogue des *Objets d'Art*, — à l'Hôtel de Pour-

(1). — Cette maison appartenait au comte de Mosbourg, dont le fils occupe aujourd'hui l'appartement même de Denon. Elle porte actuellement le N° 9.

(2). — A la dernière heure, je reçois du Conservateur du Musée de Versailles, M. L. CLÉMENT DE RIS, le spirituel historiographe de ces *Amateurs d'Autrefois* qu'il nous a si bien fait revivre, cette obligeante communication : « En 1826, le N° 646 (Reliquaire), a été divisé par lots, au moment de la vente. L'exemplaire du Catalogue, que je possède, porte trois prix : 830 fr., — 2,400 fr., — 1,800 fr.; et le nom de *Hazard*, qui était un marchand commissionnaire, derrière lequel se cachaient les véritables acquéreurs. »

talès même, 7, Rue Tronchet, où se faisait la vente, — devant une salle à peu près vide, le lundi 13 mars 1865. — Ce jour-là, tout le flot des curieux habituels des grandes ventes publiques s'était porté sur les boulevards et aux Champs-Élysées, attiré au dehors par la cérémonie à grand spectacle des obsèques du Duc de Morny, dont le service funèbre se célébrait, — justement à deux pas de la rue Tronchet, — en l'Église de la Madeleine, précisément à la même heure.

Le Reliquaire fut donc adjugé sans grand tapage.

Ce fut M. le Comte Arthur Desaix, petit-neveu du héros de Marengo, qui l'obtint, — pour la modique somme de 300 francs. M. Desaix, dans le salon duquel je l'ai, depuis lors, vu, touché et admiré, maintes fois, en est encore aujourd'hui l'heureux possesseur.

Vous saurez tantôt en quoi ce Reliquaire intéressait particulièrement le Comte Desaix. Mais, tout d'abord, revenons, s'il vous plaît, au Baron Denon, le créateur de cet Objet de « haute curiosité. »

Voici, premièrement, comment est décrit le Reliquaire (Numéro 646 des *Monuments historiques*) dans le catalogue de son cabinet(1), dont l'imposant

(1). — *Description des Objets d'Arts qui composent le cabinet de feu M. le Baron V. Denon : Estampes et Ouvrages à figures,* par Duchesne, aîné ; — *Monuments antiques, histo-*

ensemble ne comprend pas moins de trois volumes in-8°, de près de 3oo pages chacun :

(N. B. — Cette même description a été, presque littéralement reproduite par le rédacteur du Catalogue Pourtalès.)

« N° 646. — Cuivre doré. — Un Reliquaire de forme hexagone et de travail gothique, flanqué à ses angles de six tourillons attachés par des arcs-boutants à un couronnement composé d'un petit édifice surmonté de la croix : les deux faces principales de ce reliquaire sont divisées chacune en six compartiments, et contiennent les objets suivants : — *Fragments d'os du Cid et de Chimène,* trouvés

riques, modernes ; *Ouvrages orientaux,* par J.-J. Dubois ; — *Tableaux, Dessins et Miniatures,* par A.-N. Pérignon. Paris, Hip. Tilliard, 1826, 3 vol. in-8°. — Il existe de ce catalogue, deux éditions, différentes de texte et d'impression. L'une est imprimée en petits caractères compacts, sur papier vergé commun. L'autre, en caractères plus gros et beaucoup plus interlignés, est l'édition de Bibliothèque. Elle a été tirée sur beau papier vergé fort et papier vélin à la cuve. Les Tables des prix d'adjudication ont été imprimées séparément, également in-8°, mais à petit nombre : elles sont devenues presque introuvables. — Les exemplaires de l'édition de luxe, sont reconnaissables à ceci que leur titre est orné d'une reproduction, gravée à l'eau-forte, de la petite *Médaille d'or de Denon,* frappée à la Monnaie en 1813, — offrant, d'un côté, le spirituel profil souriant de l'artiste, et de l'autre, la vue des statues de Memnon, avec cette légende en exergue : « *Elles parleront toujours pour lui.* » — (*Vid.* cette même médaille : MELLIN. *Histoire métallique de Napoléon,* 1819-21, in-4°, Pl. LIII, N° 296.)

dans leur sépulture, à Burgos. — *Fragments d'os d'Héloïse et d'Abailard,* extraits de leurs tombeaux, au Paraclet. — *Cheveux d'Agnès Sorel,* inhumée à Loches, et *d'Inès de Castro,* à Alcobaça. — *Partie de la moustache de Henri IV, Roi de France,* qui avait été trouvée tout entière lors de l'exhumation des corps des Rois à Saint-Denis, en 1793. — *Fragment du linceul de Turenne.* — Fragments d'os de MOLIÈRE *et de La Fontaine.* — *Cheveux du général Desaix.*

» Deux des faces latérales du même objet sont remplies: l'une, par la *Signature autographe de Napoléon;* l'autre contient un *Morceau ensanglanté de la chemise qu'il portait à l'époque de sa mort,* une *Mèche de ses cheveux,* et une *Feuille du saule sous lequel il repose dans l'île de Sainte-Hélène* (1).

    » Haut. 16 pouces, 3 lignes. »

A cette énumération déjà longue, il conviendrait d'ajouter encore: « *la moitié d'une Dent de Voltaire,* » classée sous le numéro 1379 du même catalogue, parmi les « Objets omis, » et portée, comme devant faire partie des Souvenirs historiques décrits dans l'article 646 qui précède.

---

(1). — La publication de cette description date de 1826. Le retour en France des cendres de Napoléon n'eut lieu que plus tard, en 1840. Toutes ces Reliques de Sainte-Hélène proviennent donc de l'époque même des obsèques de l'Empereur.

Cette *Dent de Voltaire* fut réunie et vendue avec ce lot, en 1826. Elle est parfaitement indiquée dans le catalogue Pourtalès (n° 1958), et se trouve bien, effectivement, aujourd'hui, mise en sa place, dans le Reliquaire du Comte Desaix.

Ici, Monsieur, permettez-moi, — pour vous mieux expliquer ensuite toute ma pensée, — une digression :

A l'époque, déjà lointaine, où le Baron Denon réunissait tant d'étonnantes curiosités, le goût de la collection des Objets d'Art était une science relativement nouvelle, qui n'avait pour adeptes que quelques rares esprits d'élite, sérieux, convaincus, dignes du respect de tous. Cette science n'était pas, comme nous la voyons de nos jours, tombée dans la banalité du ruisseau, dégradée dans une monomanie générale de *bric-à-brac* effréné, qui fait que tout le monde — et jusqu'aux plus parfaits ignares ! — tout le monde est collectionneur, et collectionneur de n'importe quoi, — non par goût, mais par gloriole, et pis encore : par pur esprit de *singerie*.

La race des naïfs et affligeants *gobeurs* qui prennent si bravement, et sans sourciller, pour du « Palissy » ou de « l'Henri II », des terres-de-pipe émaillées, toutes fraîches sorties... des Batignolles, ou qui couvrent d'or des autographes *authentiques* de « Judas Iscariote » ou de « Mathu-

salem, » n'avait pas fait naître encore et se développer l'honorable industrie, si lucrative et si flo-
rissante aujourd'hui, des fabricants de *vieux-neuf,*
des *truqueurs,* et des faussaires.

C'était le beau et honnête temps, alors. C'était
l'Age d'or *pur.* — Et de plus, le Baron Denon,
était *né collectionneur !*

Denon avait en lui, pour réussir, ce goût inné,
ce flair artistique en toutes choses qu'apportent
avec eux, l'aptitude de l'intelligence, la variété des
connaissances et le talent — un talent de dessinateur et de graveur de premier ordre. Il avait la
grâce de l'esprit, l'exquise séduction des maniè-
res, et possédait, jeune, avec cette volonté qui
appelle et retient le succès, cette clef, indispensa-
ble, qui donne accès partout : une belle fortune
et une haute situation dans le monde. — Sous
Louis XV, il était Gentilhomme de la Chambre
et fut un peu le maître en gravure de Mme de
Pompadour. — Plus tard, après la mort de la
Marquise, il fut envoyé à Saint-Pétersbourg en
qualité d'Attaché d'ambassade, puis à Naples, avec
le titre de Chargé d'affaires.

En ce temps-là, son éminence le Cardinal de
Bernis, — l'aimable poète que vous savez, — était,
à Rome, Ambassadeur de France auprès du Saint-
Père.

La froideur habituelle des rapports diplomatiques fit rapidement place à l'intimité, entre le cardinal et le jeune chargé d'affaires : la Poésie et l'Art sont si bien de la même famille.

Cette liaison ouvrit à Denon les portes de tous les Salons, des Palais et des Musées.

C'est de ce séjour en Italie que date, dans la vie de l'artiste-collectionneur, l'expression décisive de cette vocation, irrésistible, qui lui fit quitter la carrière trop absorbante de la Diplomatie, pour se consacrer plus exclusivement au culte des Beaux-Arts.

C'est en Italie, et d'après une peinture d'un Maître de l'École Italienne, qu'il termina la Planche gravée qui le fit recevoir à notre Académie de Peinture, en 1787.

Il était encore à Venise quand éclata la Révolution française, — cette révolution si grandiose, si généreuse à son début, mais, hélas! si vite tombée dans la boue sanglante de la Terreur.

Denon, est stupéfait d'apprendre que ses biens ont été séquestrés, et que lui, artiste, simplement en voyage d'étude, a été absurdement porté sur la liste des Émigrés. Il n'hésite pas un instant, et revient, hardiment, trouver à Paris son vieil ami Louis David, le membre de la Convention, alors Maître sans rival de la Peinture en France.

David fait non-seulement rayer le nom de l'artiste, si indûment inscrit sur la liste fatale, mais il régularise sa situation, et détourne les dangers qu'assumait sur sa tête son titre de ci-devant noble, en le faisant désigner par le Comité des Beaux-Arts comme le graveur officiel, — et d'après les dessins que lui-même, David, avait composés ! — des Costumes Républicains des autorités de l'époque.

Vient ensuite le Consulat :

Denon, par ses relations, vers la fin de la République, se trouva tout naturellement placé pour profiter des événements du Dix-Huit Brumaire, et fut immédiatement compris dans le personnel administratif, choisi par le gouvernement consulaire qui se composait de ses amis.

Membre de l'ancienne Académie de Peinture (supprimée en 1793), il fut conséquemment appelé, des premiers, à faire partie de l'Académie des Beaux-Arts, lors de la réorganisation de l'Institut, en 1803.

Pendant toute la durée de l'Empire, — suite du Consulat, — nous le retrouvons Directeur-général des Beaux-Arts. Et ce poste important, tout honorifique, d'ordinaire, ne fut certes pas, pour lui, une sinécure: il lui permit d'être, durant quinze années, non simplement l'organisateur, mais aussi et surtout l'inspirateur de ce *Musée Napoléon,* musée le plus admirable et assurément le plus complet qui se soit jamais vu (1). Aussi, son nom, devenu synonyme d'un si constant effort pour la gloire de la France, reste-t-il, pour tout ce qui est de l'Art, indissolublement lié à celui de l'Empereur, et, sans forcer la vérité, — à notre époque où tout s'oublie ! — peut-on affirmer, en toute assurance, que c'est à l'inspiration, à l'initiative, à l'autorité incontestée du Baron Denon, que doit se rapporter la meilleure part de ce qui fut créé de beau sous ce règne de bronze et de marbre.

Ajouterai-je, que la création et la direction de ce Musée si grandiose, la conception et l'érection des Monuments commémoratifs de nos victoires, ne suffisaient pas à la prodigieuse activité, à l'ex-

(1). — *Vid.* dans *Les Amateurs d'Autrefois* de M. L. CLÉMENT DE RIS (Paris, 1877, grand in-8°, fig. pages 432 à 437), l'histoire du démembrement de ce Musée, par l'invasion étrangère en 1815, et la résistance héroïque de Denon aux exactions des généraux ennemis.

Denon ne prit sa retraite, qu'en octobre 1815, et sur la demande expresse qu'il en fit au Roi. — Voici, d'après l'original qui fait actuellement partie de ma collection d'Autographes, le texte de la lettre officielle qu'il adressa à S. M. Louis XVIII :

« Paris, le 5 octobre 1815. — Sire, Mon âge avancé, ma santé dérangée, me commandent le repos. J'ose donc le demander à Votre Majesté. — Je me trouve heureux, Sire, qu'en ce moment, mon zèle pour l'intérêt des Arts, et mon dévouement pour Votre Majesté, ayent pu lui paroître un gage du profond respect avec lequel je suis, Sire, de Votre Majesté, le plus fidèle Sujet. DENON. »

traordinaire besoin de travail de cet artiste (1), pourvu d'une santé inaltérable et qui lui permit d'atteindre à sa soixante-dix-neuvième année, sans avoir redouté jamais ni le labeur physique, ni l'effort intellectuel (2).

Souvenez-vous qu'à cinquante ans bien sonnés, et bien avant les gloires de l'Empire : en 1798, — n'étant plus déjà tout à fait un jeune homme ! — Denon, par pur amour de l'Art, partit sur sa demande, et aussi, par l'intelligente entremise de Mme Bonaparte (3), attaché comme Dessinateur à la Commission scientifique de cette héroïque Expé-

(1). — L'œuvre *gravé* de Vivant Denon, — les *eaux-fortes* seules, — sans parler par conséquent des peintures, dessins originaux, ou lithographies, comprend plus de 600 Planches.

Le Cabinet des Estampes de la Bibliothèque nationale conserve, reliée en quatre volumes gr. in-f°, une collection des plus complètes de cet œuvre, choisie et donnée par l'artiste lui-même, et ne renfermant que des épreuves de premier ordre.

(2). — Voici comment la nouvelle de son décès est annoncée par le *Moniteur universel*, N° 120, Samedi 30 avril 1825 :

« M. le Baron Denon, Membre de l'Académie des Beaux-Arts de l'Institut, ancien Directeur du Musée, vient de mourir à Paris. Il avait assisté, Dimanche, à la séance solennelle des quatre Académies réunies, et, Mardi, il était encore venu à la vente des Tableaux de la galerie de M. Lapeyrière. Le surlendemain, Jeudi, il était mort. — M. Denon était plus qu'octogénaire. »

(3). — Denon, comme Joséphine, appartenait à l'ancien monde, à l'ancienne *bonne compagnie* française. Aussi, la future Souveraine, lorsqu'il s'agit de constituer le personnel savant de l'Expédition, s'empressa-t-elle de signaler à son mari, l'homme de mérite qu'elle avait pu apprécier dans les salons, alors qu'elle était Mme la Générale de Beauharnais. — U. R.-D.

dition d'Égypte, demeurée légendaire dans l'Histoire ; — qu'il fit la savante, artistique, mais très
périlleuse Conquête de la Haute-Égypte, aux côtés
de Desaix, et que, toujours aux premiers rangs,
dans cette armée d'avant-garde que commandait
son jeune ami le *Sultan juste*, il remonta le Nil
jusqu'aux cataractes, explorant Girgeh, Denderah,
Thèbes, Esneh, allant à travers le désert à Cos-
seïr au bord de la Mer Rouge, puis à Syène et
jusque dans la Nubie, au-delà de l'île de Philæ.

Le portefeuille en bandoulière, la lorgnette au
côté, les crayons à la main, au galop de son cheval,
il devançait les premières colonnes, pour avoir le
temps de dessiner en attendant que la troupe le
rejoignît (1). Pendant que l'on se battait, il esquis-
sait les vues du pays ou des monuments, prenait,
pour les graver plus tard, les types si curieux, les
figures si solennelles des vieux Chefs indigènes, ou
fixait en quelques traits, le souvenir des mémora-
bles événements qui se passaient sous ses yeux.

(1). —Voici comment parle du voyage de Denon, l'un de ses
compagnons de la Haute-Égypte, Savary, alors premier aide-de-
camp de Desaix, et depuis, général, Ministre de la Police, et Duc
de Rovigo :
« M. Denon s'était attaché d'amitié au général Desaix, et ne le
quitta pas de toute la campagne. Tout le monde aimait son caractère doux et obligeant, et sa conversation instructive était un dé-
lassement pour nous. Le zèle qu'il mettait à toiser les monuments,
à rechercher des médailles et des antiquités, était un sujet continuel

Son ardeur intrépide, à la vue des merveilles qui se dévoilaient à chaque nouvel horizon, lui faisait braver mille dangers.

Mais « sous le feu de l'ennemi (dit un de ses biographes), Denon dessinait avec la même tranquillité d'esprit, la même sûreté de main, que s'il eût été paisiblement assis à sa table, dans son cabinet. »

Comme, le plus souvent, il s'installait forcément de la manière la plus sommaire, en plein air, son album posé sur ses genoux, brûlé par ce soleil qui faisait tant de mal dans l'armée, les soldats, pour qui son sang-froid et sa bravoure étaient un continuel sujet d'admiration, se plaisaient à se poser debout, derrière lui, et se relayaient, pour lui faire un peu d'ombre de leur corps et faciliter ainsi son travail.

d'étonnement pour nos soldats, surtout quand on lui voyait braver la fatigue, le soleil et souvent les dangers, pour aller dessiner des hiéroglyphes ou quelques débris d'architecture ; car je ne crois pas qu'une seule pierre lui ait échappé. Je l'ai souvent accompagné dans ses excursions ; il portait sur ses épaules un portefeuille rempli de papiers et de crayons, et avait un petit sac suspendu à son cou, dans lequel il mettait son écritoire et quelque nourriture. Il nous employait tous à lui mesurer les distances et les dimensions des monuments, qu'il dessinait pendant ce temps-là. Il avait de quoi charger un chameau en dessins de toute espèce, quand il retourna au Caire, d'où il repartit avec le général Bonaparte pour la France. » (*Mémoires du Duc de Rovigo*. Paris, Bossange, 1828, in-8°, tome Ier, p. 121-22.).

« Dessiner, alors, n'était pas toujours facile (fait remarquer avec juste raison le Marquis de Pastoret, dans son *Éloge de Denon* prononcé à l'Institut, en 1851) ; car enfin, pour dessiner, il fallait quitter la barque si l'on était sur le fleuve, descendre de cheval si l'on côtoyait le rivage, choisir son point de vue, s'asseoir, développer son portefeuille ; et les Arabes qui suivaient à la piste, les Arabes qui tirent si bien et qui montent des chevaux si rapides, rendaient ces imprudences-là toujours dangereuses et quelquefois mortelles. Denon n'en tenait pas compte ; c'eut été prendre trop de soin.

» Un jour pourtant que l'on remontait le Nil avec la flottille de l'Expédition, il aperçut des ruines dont il voulut absolument conserver un croquis. Il se fait mettre à terre, court dans la plaine, s'établit sur le sable, et se met à dessiner en hâte. Il n'avait pas tout à fait terminé son ouvrage quand un petit sifflement sec, tranchant, résonne, et passe entre son papier et son visage. C'était une balle. Il relève la tête, voit un Arabe qui venait de le manquer, et qui rechargeait son arme ; il saisit son propre fusil déposé par terre, envoie à l'Arabe une balle dans la poitrine, puis il replie son portefeuille et regagne la barque. Le soir, il montra son dessin. — Votre ligne d'horizon n'est pas droite, lui dit Desaix. — Ah ! répondit-il, c'est la faute de cet Arabe; il a tiré trop tôt... » (1).

Qu'en dites-vous, Monsieur? — Les compterait-on à la douzaine, les collectionneurs de cette trempe?

Je reviens maintenant au Reliquaire, — objet de la présente lettre.

Aussi bien, en vous rappelant — sommairement — quel homme véritablement distingué fut le Baron Denon, n'ai-je eu d'autre pensée que celle de vous démontrer qu'un artiste de cette valeur, si sincèrement épris de l'amour de l'Art, chercheur si consciencieux, esprit si universellement considéré, doit rester à l'abri même du soupçon d'avoir voulu, en composant ce Reliquaire, créer pour l'avenir une mystification quelconque.

Quant à croire que Denon aurait pu, lui-même, être pris pour dupe, j'ose espérer qu'il ne viendra à l'esprit d'aucun de vos lecteurs, une pensée que repoussent, aussi bien la haute portée de son intelligence que la finesse de sa rare expérience d'investigation.

A ceux d'entre eux, cependant, que la longue énumération de toutes ces Reliques, dans la description qui précède, aurait pu étonner ou laisser

---

(1). — *Éloge histor. sur la vie et les ouvrages de M. le Baron Denon*, par M. de Pastoret (Séance annuelle des cinq Académies, du 25 octobre 1851). Paris, Firmin Didot, 1851, in-4°, page 18.

quelque peu incrédules, quant à l'authenticité des provenances, je répondrai simplement ceci :

Les Historiens qui se sont occupés de cette époque, nous apprennent que tous les corps des personnages nominativement désignés dans cette description, ont, *tous sans exception,* été exhumés de leurs tombeaux pendant les années où vivait, collectionnait, et l'on peut dire, *régnait* le Baron Denon (1).

Qu'y a-t-il, alors, d'étonnant à ce qu'un érudit, un curieux, un chercheur toujours en éveil, comme le fut, dès son plus jeune âge, cet infatigable collectionneur, — si bien placé pour être bien renseigné : toujours près du soleil ! — se soit empressé de profiter des occasions qui s'offraient tout naturellement à lui de recueillir, pour enrichir son Musée intime, de pareils trésors de curiosités ?

J'en appelle à tous les collectionneurs !

Les tombeaux d'*Héloïse* et d'*Abailard* furent ouverts en 1792 (2). Le tombeau d'*Agnès Sorel* le

(1). — «... M. Denon s'intéressa à mes premiers succès ; presque tous ceux qui sont dans les Arts ont eu part à ses soins, à ses encouragements, et datent pour la plupart leur bien-être de son entrée à la Direction de ce Musée. » (Funérailles de M. le Baron Denon, le 30 avril 1825. *Discours de M. le Baron* Gros. Paris, Firmin Didot, in-4°, 1825, p. 2.)

(2). — *Vid.* Guizot, *Abailard et Héloïse, Essai historique.* Paris, Didier, 1853. gr. in-8° fig ; — *Lettres d'Héloïse et Abailard, trad. nouvel.,* par le Bibliophile Jacob, (M. Paul Lacroix). Paris, Gosselin, 1840, grand in-18 ; — Dulaure, *Histoire de Paris*, Paris, Guillaume, in-8°, 1821-22, tome vi, p. 186.

fut en 1777, 1793 et 1801 (1) ; celui de *Henri IV*, en 1793 (2); celui de *Turenne*, en octobre 1792 (3); celui de *Molière*, au cimetière Saint-Joseph, en 1792.

C'est dans ce cimetière que se trouvait encore,

(1). — *Vid.* A. VALLET (DE VIRIVILLE), *Histoire de Charles VII.* Paris, Vᶜ Renouard, 1865, in-8°, tome III, page 24 (note) ; — F. GRILLE. *Lettre à M. le Docteur Pariset ; Le Tombeau d'Agnès Sorel.* Paris, Techener, in-8°, 1847 ; — J.-L. CHALMEL, *Histoire de Touraine.* Paris, H. Fournier, 1828, in-8°, tomes III, p. 148, et IV, p. 468 ; — L'Abbé BOURASSÉ, *La Touraine, Histoire et Monuments.* Tours, Mame, 1856, in-f°, fig., pages 131 à 133. — et l'Abbé C. CHEVALIER, *Promenades pittoresques en Touraine.* Tours, Mame, 1869, grand in-8°, fig. pages 385, 386.

(2). — *Vid.* MICHELET, *Henri IV et Richelieu.* Paris, Chamerot, 1857, in-8°, page 163 ; — BORDIER et CHARTON, *Histoire de France d'après les Documents originaux.* Paris, 1860, grand in-8ⁿ, fig., tome II, p. 175 ; — F. GUIZOT, *Histoire de France racontée à mes Petits-Enfants.* Paris, 1877, grand in-8°, fig., tome III, page 561 ; — Georges D'HEYLLI, *Les Tombes Royales de Saint-Denis.* Paris, Librairie Générale, 1872, grand in-12, fig. page 99 ; — Alex. LENOIR, *Musée des Monumens français.* Paris, Guilleminet, puis Nepveu, 1800-21, in-8ᵉ, fig. (Ouvrage dédié au Citoyen DENON, tome V, p. 1 à XXII), tome I, p. 222 à 234, et Pl. 515 à 517; tome II, p. XCIX et CIV ; tome VIII, p. 161 à 172.

(3). — *Vid.* DULAURE, *Histoire de Paris*, 1821-22, tome IV, page 432 ; — Georges D'HEYLLI, *Les Tombes royales de Saint-Denis.* Paris, 1872, grand in-12, fig., page 97 ; — et aussi dans le journal *Le Figaro* (Supplément littéraire du Dimanche 15 Février 1880), une intéressante et chaleureuse *Lettre de* BEAUMARCHAIS, *à propos de Turenne,* adressée en 1798, par l'illustre père du malin *Barbier,* au Ministre de l'Intérieur d'alors, François de Neufchâteau.

à l'époque de la Révolution, — avant que les administrateurs d'une section du quartier Montmartre ne l'eussent fait enlever (le 6 Juillet 1792), et que les soins pieux d'Alexandre Lenoir ne l'eussent fait déposer au Musée des Monuments-funéraires, enclos des Petits-Augustins (1), la « *large tombe de pierre* » dont parle, en ce passage, l'excellent historien de Molière, M. Jules Claretie : « Elle (Armande Béjart) avait fait transporter à l'endroit où l'on avait presque furtivement enterré son mari

(1). — Alexandre Lenoir, auquel l'Art français devra une éternelle reconnaissance, eut la douleur de survivre à son œuvre : Le *Musée des Petits-Augustins* qu'il avait vu, déjà, lors du rétablissement du Culte, après le Concordat de 1802, dépouiller de beaucoup d'objets par des Églises qui réclamèrent ce qu'elles avaient autrefois possédé, — fut entièrement anéanti en 1815, après la chute de l'Empire. — Les tombeaux, statues et bas-reliefs des princes et princesses des familles royales, furent transférés à Saint-Denis, et les autres parties de cette précieuse collection furent distribuées à toutes les demandes, à toutes les réclamations, à tous les appétits.

C'est sur l'emplacement de ce Musée qu'a été construit, depuis, le Palais actuel de l'École des Beaux-Arts.

Les *Moliéristes* sauront un gré tout particulier à la mémoire d'Alexandre Lenoir, quand ils apprendront que cet éminent conservateur de nos chefs-d'œuvre nationaux, avait pu réunir pendant la tourmente de 1793, et préserver ainsi du vandalisme révolutionnaire, les *Bustes en marbre* de MOLIÈRE et de VOLTAIRE, de Houdon, et *les originaux* (pour la plupart en *terre cuite*) des admirables bustes de Jean ROTROU, des deux CORNEILLE, de DESTOUCHES, de QUINAULT, de J.-B. ROUSSEAU, de PIRON, de FONTENELLE, sculptés par Caffiéri, pour la galerie de la Comédie-Française. (*Vid.* Alexandre LENOIR. *Description des Monuments*

une large tombe de pierre, et durant un hiver fort rude, elle fit voiturer cent voies de bois dans le cimetière Saint-Joseph, afin que les pauvres gens se pussent réchauffer au feu d'un bûcher qu'on alluma sur la tombe de Molière. Il en résulta que la pierre calcinée se fendit en deux morceaux, mais du moins les indigents avaient eu un foyer contre l'onglée et bénissaient, grâce à Armande et à cette sorte de bienfaisance posthume, la mémoire de Molière (1). »

Le cimetière Saint-Joseph : voilà certainement

de sculpture réunis au Musée Impérial des Monuments français. Paris, in-8°. Edition de 1810, pages 22 à 33).

Que sont aujourd'hui devenus ces précieux originaux, si soigneusement abrités pendant les jours néfastes ?

N'auraient-ils pas, hélas ! — comme tant d'autres richesses de la Science et de l'Art, — pris le chemin de l'étranger ? — U. R.-D.

(1). — *Vid.* Jules CLARETIE, *Molière, sa vie et ses œuvres.* Paris, Alph. Lemerre, 1 vol. pet. in-12 elzévirien, sans date (1873), page 84, et aussi, page 165 (appendice). — Ce qu'il serait intéressant de savoir, et ce que M. Jules Claretie a négligé de nous dire, c'est ce que peut bien être actuellement devenue cette *large tombe de pierre* « calcinée et fendue en deux morceaux », si soigneusement préservée contre la destruction, par Alexandre Lenoir en 1792.

Autre point : — La *Biographie nouvelle des Contemporains* d'Arnault, 1823 (tome XI, p. 352), nous apprend que Alexandre Lenoir « prit le soin de faire dresser des procès-verbaux des recherches faites pour opérer la levée des restes précieux, de TURENNE, DESCARTES, MOLIÈRE » etc., qu'il avait réunis, dans le jardin-Elysée du Musée des Petits-Augustins, et que « ces procès-verbaux ont été déposés *chez Mc Potier, notaire à Paris, où on peut les consulter.* »

N'y aurait-il pas, là, pour un *Moliériste* parisien, le sujet d'une intéressante publication à entreprendre ? — U. R.-D.

le lieu de provenance du *Fragment d'os de Molière*
du Cabinet Denon.

Pour le tombeau de *Voltaire,* il fut ouvert, lui,
en Juillet 1791 (1), lorsque, au nom de l'Assemblée
Constituante, on alla retirer de la tranquille Abbaye
de Scellières en Champagne, les cendres du célèbre Philosophe, — comme trois ans plus tard, sous la
Convention, en octobre 1794 (2), celles de J.-J.
Rousseau de l'île des Peupliers, à Ermenonville, —
et qu'on les ramena triomphalement à Paris, pour

(1). — *Vid.* dans le *Moniteur universel* de 1791, N° 171,
lundi 20 Juin, le Programme-itinéraire de la prochaine
translation des cendres de Voltaire à Paris, et, dans le N° 194,
mercredi 13 juillet (page 802), le compte-rendu de toute la cérémonie, depuis l'entrée à Paris, par la barrière de Charenton,
jusqu'à l'arrivée au Panthéon, les dimanche 10, et lundi 11 juillet
1791.

(2). — *Vid.* dans le *Moniteur* de l'An III, N° 24, 24 Vendémiaire (Mercredi 15 octobre 1794) page 110, la description de
la Fête célébrée à Paris en l'honneur de Jean-Jacques Rousseau,
le 20 Vendémiaire, et de la translation de son corps au Panthéon :

«... Le 18 Vendémiaire, on avait enlevé de l'île des Peupliers,
son urne funéraire ; les citoyens d'Ermenonville l'avaient accom-
pagnée jusque dans la commune d'Émile, ci-devant Montmorency.
C'est là que Rousseau avait composé le *Contrat social, Emile*
et *Héloïse* ; et les habitans de cette vallée qui, tant de fois, avaient
vu le philosophe modeste se promener au milieu d'eux, qui déjà
avaient eu la douleur de le perdre lorsque le fanatisme politique
et religieux le forcèrent *(sic)* de quitter leurs asiles champêtres,
voulaient du moins le posséder encore quelques instants. Le corps
de Rousseau y resta jusqu'au lendemain à midi. Le 19, le cortège
se mit en marche pour Paris, etc. » *(Moniteur, loc. citat.)*

les porter au Panthéon : Aux Grands Hommes,
la Patrie reconnaissante. »

Du Panthéon, — sous la Restauration, en Mai
1814, — les restes de Voltaire et de Rousseau furent honteusement dérobés par des fanatiques,
chargés par eux nuitamment dans un fiacre, et
finalement enfouis, sur un lit de chaux vive, dans
un terrain vague et abandonné, sur le bord de la
Seine, vis-à-vis de Bercy (1).

Profanation ! allez-vous me dire.

Eh ! oui : Mais, si, primitivement, la Révolution eût respecté la paix de Scellières et d'Ermenonville, qui sait si la réaction de 1815 aurait
même songé à la troubler ?

Quant aux reliques d'*Inès de Castro, à Alcobaça,*
et du *Cid et de Chimène, à Burgos,* — dont, je le
confesse, vous pourriez sourire, — elles ont, tout
prosaïquement, fait partie du butin de guerre pro-
venant du sac du monastère des Bénédictins d'Alcobaça par l'armée débandée de Junot, lors de la
prise de Lisbonne, en Novembre 1807, et de celui
des églises et couvents de Burgos, en Novembre
1808, par les troupes françaises.

Ces fragments doivent, bien certainement, avoir

(1). — *Vid.* au sujet de cet enlévement nocturne, un très
intéressant article du *Bibliophile Jacob* (M. Paul Lacroix), dans
l'Intermédiaire des Chercheurs et Curieux. Paris, B. Duprat,
in-8°. Première année, 1864, pages 25, 26.

été rapportés par Denon lui-même, lorsqu'il accompagna Napoléon dans la Péninsule, pendant la campagne d'Espagne, — comme durant presque toutes les guerres de l'Empire, d'ailleurs, il suivit l'Empereur sur ses champs de bataille, par toute l'Europe (1).

Ce qui confirme bien l'assertion que je viens d'émettre, c'est le texte même de la désignation d'un portrait de Denon, peint par Adolphe-Eug.-Gab. Roëhn (1780-1867), dans un tableau de genre qui a fait partie des curiosités réunies par le Baron Denon, et qui a été ainsi décrit, en 1826, (par A.-N. Pérignon, sous le N° 220 des *Tableaux*), dans le catalogue de son cabinet :

N° 220. « M. Denon en Espagne, *remettant dans leurs tombeaux les restes du Cid et de Chimène;* il est accompagné de M. Zix, artiste, et d'un Espagnol (2). La scène se

(1).—« A mesure que la victoire ouvrait à nos armées les portes des capitales, Denon les y suivait et présidait aux choix des trophées qu'elles en rapportaient. Puis, de retour à Paris, il s'occupait, soit à classer ces trophées dans le Louvre, soit à surveiller l'érection de monuments rappelant les faits d'armes auxquels ils étaient dus. » (*Vid. M.* L. Clément de Ris. *Les Amateurs d'Autrefois : Le Baron Vivant-Denon.*) Paris, 1877, gr. in-8°, fig. pages 429, 430.)

(2). — Tableau vendu 260 francs à M. Billaudel, en 1826. — L'artiste cité nominativement, plus haut, comme ayant accompagné Denon en Espagne, en 1808, Benjamin Zix, était un peintre alsacien, originaire de Strasbourg. — Il fut l'un des dessinateurs qui collaborèrent, sous la direction de Denon, à la création de la

passe dans l'intérieur d'une chapelle d'architecture gothique.

» HAUT. 20 pouces. — LARG. 16 pouces et demi. Toile. »

Denon, d'ailleurs, aimait à conserver de la sorte et à s'entourer de souvenirs palpables, témoins muets, mais non moins éloquents, de tous ses voyages. C'est ainsi qu'on voit figurer dans ses collections (Nᵒ 628 du Catalogue des *Monuments historiques*), un *Fragment de pierre calcaire détaché du* Chéops, *la plus haute des Pyramides de Giȝèh,* et un autre (Nᵒ 629) *de grès de la Statue de Memnon* (Aménophis II), *de la plaine de Thèbes.*

Les *Cheveux du général Desaix* ont été coupés par Denon, personnellement, sur la tête du général, en 1805, quand il alla, guidé par l'ancien aide-de-camp de Desaix, le général Savary, à Milan, dans la sacristie du couvent de San-Angelo, reconnaître le cercueil du héros, — déposé là, provisoirement, depuis le lendemain de Marengo, — et qu'il le fit transporter sur les Alpes, par des soldats, « choisis dans tous les régiments de l'armée d'Italie », pour le placer dans son tombeau monumental de la chapelle de l'Hospice du Mont-Saint-Bernard.

Colonne Vendôme. (*Vid.* Ambroise TARDIEU. *La Colonne de la Grande-Armée d'Austerlitz.* Paris, 1822, 1 vol. in-4ᵒ, orné de 36 pl.)

Le Baron Denon, vous ne l'ignorez pas, avait été spécialement chargé par Napoléon, d'ordonner la fête solennelle dans laquelle l'Armée rendit à Desaix des honneurs funèbres, sur le sommet du Grand-Saint-Bernard, le 20 Prairial An XIII (19 juin 1805).

« C'est à la mémoire de votre ami, lui avait dit Bonaparte, à laquelle vous allez rendre hommage: N'en séparez pas la pensée que cet ami était aussi le mien, et que je présiderai aux solennités de l'inhumation. »

Denon, — en l'absence du souverain *empêché*, — présida seul à cette cérémonie, en compagnie du maréchal Berthier, officiellement envoyé pour représenter l'Empereur (1).

Deux autres numéros du catalogue du Cabinet Denon, concernent encore le souvenir de Desaix:

N° 653. « Une Boucle de cheveux, coupée sur la tête de Desaix, lors de l'inhumation du corps de ce général, etc. »

Et N° 722. « Bronze (2). Partie antérieure d'un pouce de la statue colossale du général Desaix,

(1). — *Vid.* le *Moniteur universel.* N° 281 de l'An XIII. (30 Juin 1805), page 1157 ; — et aussi les *Mémoires du Duc de Rovigo,* 1828, tome II, p. 123.

(2). — Ces N°ˢ 653 et 722, ont été vendus, en 1826 : le premier 180 francs — sans nom d'acquéreur, — l'autre 10 francs à *Hazard*. (Note communiquée par M. L. CLÉMENT DE RIS.)

par feu M. Dejoux, placée en 1810, sur la place des Victoires, à Paris (1).

» Ce fragment est la seule partie qui subsiste de la statue que nous venons de citer. »

Haut. 2 pouces, 10 lignes. »

Denon, personnellement, a consacré aussi à l'inauguration du Tombeau du Saint-Bernard, de même qu'à celle de la Statue colossale de la Place des Victoires, deux belles médailles officielles, signées de son nom, frappées à la Monnaie du Louvre (2), et bien certainement destinées, dans la pensée de leur auteur, à perpétuer pour les générations futures, le souvenir de l'éclat dont furent alors entourées ces deux imposantes cérémonies.

(1). — L'inauguration officielle de cette Statue eut lieu, le Mercredi 15 Août 1810, au même moment que celle de la Colonne de la Grande-Armée (Place Vendôme). — L'une et l'autre furent créées et érigées, sous la haute direction du Baron Denon. (*Vid.* le *Moniteur universel*, N° 228, Jeudi 16 août 1810.)

L'auteur de la présente Lettre publiera, un jour, des détails inouïs sur l'anéantissement de cette Statue colossale, en même temps que l'histoire complète de tous les Monuments consacrés par l'enthousiasme des contemporains eux-mêmes au jeune sauveur de Marengo, — Monuments qui, tous, ont successivement fini par disparaître, par suite de la triste légèreté de notre caractère national. — U. R.-D.

(2). — *Vid.* Millin et Millingen. *Histoire métallique de Napoléon*. Londres et Paris, Treuttel et Würtz, 1819-21, in-4°, Planche xviii, N°s 98, 99 ; et Pl. xlvi, N° 265. — *Vid.* aussi (Pl. vi. N° 19.) la charmante médaille commémorative de la *Conquête de la Haute-Égypte*, créée, également à la Monnaie des médailles, sous la direction de Denon.

Le Baron Denon avait, au plus haut point, —
comme vous le voyez — la mémoire du cœur!

Et maintenant, Monsieur, en résumé, et pour
arriver à la conclusion réelle qui ressort de ce petit
travail, j'ajouterai que ce qui doit, pour des yeux
clairvoyants, donner une authenticité évidente à
toutes les reliques ci-dessus mentionnées, ce qui
doit les rendre par-dessus tout précieuses, c'est
le soin que prit le Baron Denon, de les classer,
de les ranger minutieusement, de les exposer sous
verre, réunies dans un même écrin, étiquetées de
sa main, tout auprès de souvenirs intimement vé-
nérés par lui, — des Cheveux de Desaix, — des
Cheveux de Napoléon, — de la Feuille du Saule
de Sainte-Hélène!

Ne tombe-t-il pas, en effet, sous le sens, que
Denon qui avait, comme on a pu le remarquer,
voué un culte si sincère et si profond à la mémoire de ses deux illustres amis, — Napoléon et
Desaix, — n'eût jamais eu la pensée de placer des
pièces dont la provenance lui aurait semblé dou-
teuse, à côté de reliques, non-seulement — et si
justement! — chères à son cœur, mais qui lui
rappelaient, en outre, à toute heure, combien sa
propre existence avait été mêlée à celles de ces
deux renommées incomparables.

Placer, à côté de si émouvants souvenirs, des

curiosités discutables, des *bibelots* d'une essence
plus ou moins aléatoire et fantaisiste, qu'en pensez-
vous, Monsieur, pour le Denon que j'ai cherché à
vous peindre : ne vous semble-t-il pas, qu'à ses
yeux, c'eût été commettre un sacrilége ?

Agréez, etc.

ULRIC RICHARD-DESAIX.

Issoudun (Indre), aux Minimes.
        Mai-Juin 1880.

APPENDICE

BIBLIOGRAPHIE

L E *Voyage* de Denon dans la Basse et la Haute-Égypte est surtout et par dessus tout, le Journal *artistique* de l'Expédition de Desaix, lors de la Conquête du haut pays, jusqu'aux cataractes.

On comprendra qu'un collectionneur de Documents sur la vie de Desaix se soit intéressé à réunir et rédiger la Bibliographie de ce Voyage, qui ne se trouve complète, ni dans Brunet, ni ailleurs.

Le nombre relativement considérable des Éditions françaises et Traductions étrangères de cet ouvrage, témoigne à quel point l'Europe se montra attentive aux efforts de ces Expéditions militaires, si pleines de science, si saisissantes de poésie, par leur contact avec toutes les splendeurs du passé.

Le monde savant qui alors avait oublié l'Égypte, la retrouva, avec un charme inexprimable, dans cet écrit, sorti de la fécondité du crayon de Denon et de la rare intelligence de Desaix.

I. — Éditions françaises, publiées a Paris.

== Voyage dans la Basse et la Haute-Égypte, pendant les campagnes du général Bonaparte, par Vivant Denon. *A Paris, de l'Imprimerie de P. Didot, l'ainé, au Palais des Sciences et Arts.* An x (M DCCC II), 2 vol in-folio, grand-Aigle.

Cette magnifique *Édition originale*, la plus belle assurément et la plus soignée de toutes celles qui ont paru du Voyage de Denon, mais non certes, la plus commode, ni la plus maniable pour les lecteurs, a été promptement épuisée. Elle se vendait 300 à 400 francs, papier vergé ordinaire, et 450 à 600 francs, grand papier vélin. (*Vid.* QUÉRARD, *France littéraire*, art. **Denon**.) Ces deux volumes qui ne sont pas excessivement rares, se vendent actuellement beaucoup moins cher. — Dans quelques exemplaires se trouve ajouté un portrait de l'auteur.

Les deux volumes se décomposent ainsi : Un volume de texte, de 265 pag. (Voyage) et liij pag. (Explication des Planches) ; — et un vol. de Planches (141 pl. parmi lesquelles deux pl. sont doubles : les pl. 20 et 20 (bis), 54 et 54 (bis). — Ce volume de Planches n'a qu'un *faux-titre* seulement, et point de titre. Ce faux-titre ne porte aucune autre indication que celle-ci, imprimée au milieu de la page : « *Planches du Voyage dans la Basse et la Haute-Égypte.* » Ces 141 planches in-folio, qui comprennent, chacune, pour la plupart deux et trois gravures, ont toutes été exécutées sous les yeux même de Denon, d'après ses *originaux*, dessinés sur place, et soigneusement rapportés par lui à son retour d'Égypte. Trois d'entre elles seulement, les pl. 20 (bis), 102 et 103, sont gravées d'après des dessins du peintre RIGO, l'un des collègues de Denon, dans la Commission des Beaux-Arts de l'Expédition française.

Toutes ces planches, gravées par les *vingt-six* artistes dont les noms suivent, ont été imprimées, avec beaucoup de soin, par Dien :

Graveurs : Vivant Denon : *24 eaux-fortes originales* (*Vid.* Les pl. 104 à 112), Baltard, Berthon, Berthault, Berton, Choffard, Coiny, L. Croutelle, Dufrène, Duparc, J. Duplessi-Bertaux, Fortier, Fosséyeux, Galien, L. Garreau, Gounod, Gounot, Le Gouaz, Legrand, G. Malbeste, Masquelier, Paris, L. Petit, Perrier, Pillement, Pillement fils, Prevost, et Réville.

Denon avait précieusement conservé, même après leur publication, tous les dessins originaux de son Voyage. On les retrouve, classés (sous les Nᵒˢ 892 et 893 des *Tableaux* et *Dessins*) dans le Catalogue de son cabinet. Ces dessins n'ont pas été mis aux enchères, en 1826. Vraisemblablement, ils doivent avoir été retirés par la famille et être restés, depuis cette époque, en sa possession.

Les Planches gravées ont servi de nouveau, en 1829, pour la publication de la *Seconde Édition* de l'Atlas, de Gaugain et Chaillou, et en 1830-34 (retouchées au burin), pour l'Atlas, de Dénain et Delamare, (*Vid.* ci-dessous.).

POST-SCRIPTUM : — Un des derniers Biographes de Denon, toujours parfaitement renseigné d'ordinaire, a, dans l'excellente Notice qu'il lui a consacrée, laissé passer une légère erreur, en disant que « les dessins de Denon ont été *gravés dans le grand ouvrage sur l'Égypte publié de 1809 à 1828, sous la direction de Jomard.* »

Le nom de l'artiste n'est, pas même une malheureuse petite fois, prononcé, dans les dix gros in-folio que comprend le texte de la grande *Description de l'Égypte,* — tellement (je le suppose, du moins), le comité des rédacteurs garda sur le cœur le regret de s'être vu si parfaitement distancer dans son long et laborieux enfantement, — de neuf années de gestation, — par la rapidité de conception et d'exécution d'un seul écrivain, tout à la fois auteur, dessinateur, et graveur de son œuvre.

Les nombreux Dessins sur l'Égypte, qui ont fait longtemps partie du Cabinet des Cartes géographiques à la Bibliothèque Nationale et qui sont actuellement conservés au Cabinet des Estampes, ne sont nullement ceux de Denon, mais des dessins similaires, d'une dimension beaucoup plus grande. Ces dessins, sont les *originaux* mêmes des gravures de la grande *Description de l'Égypte.* Et Denon, comme il vient d'être dit, est demeuré absolument étranger à cette publication.

De même, les *Planches gravées* sur l'Égypte, qui font présentement partie du fonds de la *Chalcographie du Louvre,* sont aussi celles qui ont servi à la composition des illustrations de la *Description de l'Égypte.* (*Vid. Catalogue de la Chalcographie.* Supplément de 1867. N°ˢ 4841 à 5746.)

== Voyage dans la Basse et la Haute-Égypte, pendant les campagnes du général Bonaparte, par VIVANT DENON. *A Paris, de l'Imprimerie de P. Didot l'aîné, aux Galeries du Louvre, n° 3.* An x (M DCCC II). 1 vol. in-4° (Texte seul) de xii-322 pages, imprim. sur deux colonnes, et 1 vol. (141 planches) in-folio Atlantique.

Cette édition (suivant QUÉRARD. *Loc. citat.*) se vendait 200 francs. — L'Atlas est identiquement le même que celui de la grande édition in-folio. Le papier seul diffère. Les Pages 319 à 322 du volume de texte, contiennent la liste des *Noms des Souscripteurs pour l'Édition in-folio,* — parmi lesquels se remarquent ceux de presque tous les Souverains de l'Europe et de tous les grands personnages de l'époque.

== Analyse et Extrait du Voyage dans la Basse et la Haute-Égypte, pendant les campagnes du général Bonaparte, par VIVANT DENON. *Paris, P. Didot,* 1802, in-8°.

== Voyage dans la Basse et la Haute-Égypte, pendant les campagnes du général Bonaparte, par VIVANT DENON. *A Paris, de l'Impr. de P. Didot, l'aîné, aux Galeries du Louvre, n° 3.* An x (M DCCC II), 3 vol. gr. in-12 de XXII-324, 348 et 296 pages.

> Une note imprimée en regard du titre de l'Édition in-4° de 1802, annonce ainsi la mise en vente de cette petite édition portative : « Le même Ouvrage, 3 vol. in-12, sans atlas, *nécessaire aux acquéreurs de la première édition.* » Le texte de cette petite édition, a, probablement, été revu et corrigé par l'auteur.

= Le même Voyage. — Quatrième Édition. *Paris, P. Didot, l'aîné,* An xi (M DCCC III), 3 vol. gr. in-12. Sans atlas.

= Le même Voyage (cinquième édition.) — *Paris, P. Didot, l'aîné,* An xii (M DCCC IV), 3 vol. gr. in-12. Sans atlas également. —

> Les exemplaires de ces trois petites éditions se vendaient (d'après Quérard), 8 francs. — Chacun des volumes de ces petites éditions a, exactement, la même pagination que celle du volume correspondant de la petite édition de 1802. Ces trois éditions ont été imprimées, — sur des *clichés* probablement, — avec la *composition* même de l'édition in-4°, impr. sur deux colonnes, en 1802. Cette composition a seulement été *imposée* un peu différemment, suivant la hauteur du cadre adopté, grand in-12.

= Voyage dans la Basse et la Haute-Égypte, pendant les campagnes du général Bonaparte, par Vivant Denon. Nouvelle Édition, augmentée d'une Notice sur l'auteur, par M. P.-F. Tissot. *Paris, Henri Gaugain et chez Chaillou, 1829. Imprimerie de J. Tastu.* 2 vol. in-8° (Texte seul). Tome Ier : XXXI pages (Notice) et 359 pages, plus une planche se déployant et se rapport. à la page 351 ; Tome II : 364 pages. - Atlas de 96 planches gr. in-folio.

> Le Prospectus de cette Édition, in-8° d'une demi-feuille d'impression, *Paris, impr. de Fain,* 1829 (*Vid. Bibliographie de la France,* année 1829, p. 596, N° 5299), annonce cette réimpression, comme devant être tirée à 150 *exemplaires seulement,* et publiée à Paris, chez Chaillou-Potrelle, en 2 vol. in-8°. (Prix du vol.: 6 fr.) et 12 livraisons de 12 planches chacune (Prix de la livr. 12 fr.) — Sur les 12 livraisons (total : 144 pl.) annoncées, 8 seulement ont paru, renfermant en tout, 96 pl. (plus un portrait) tirées sur papier de Chine remonté sur pap. vélin. Le titre de l'Atlas porte la mention : *Seconde Édition.*

Cette édition est bien réellement la *deuxième* : Les deux tirages in-fol. de 1802, devant être considérés, en ce qui concerne l'Atlas, comme ne faisant qu'une seule et même *première* édition.

En regard du titre de l'Atlas de 1829, se trouve placé un beau Portrait de Vivant Denon, lithogr. par H. Garnier d'après une peinture de Robert-Lefèvre. Le tableau original, qui a figuré au Salon de 1808, fait actuellement partie des collections du Musée de Versailles. (*Vid.* N° 1692 du *Catalog.* Eud. Soulié.)

— Les Planches du Voyage de Denon, pour la plus grande partie, ont été réimprimées en 1830, retouchées au burin, dans l'Atlas (2 vol. in-4° oblong, contenant 310 planches et 2 cartes) de *l'Histoire scientifique et militaire de l'Expédition française en Égypte.* Paris, A.-J. Dénain, 1830-36. 10 vol. in-8°.

— Un certain nombre des Planches les plus intéressantes du même Voyage (notamment les *Eaux-fortes* de Denon, gravées par lui en Égypte), ont été réimprimées dans « *l'Œuvre originale de* Vivant Denon, 315 *Eaux-fortes, avec une Notice par* Albert de la Fizelière. » Paris, A. Barraud, 1872. 2 vol. gr^d. in-4°. - Deux tirages différents : Pap. de Hollande, avec Pl. imprimées en sanguine ou en bleu, sur papier de Chine remonté, et Pap. vélin mécanique, Pl. impr. en noir.

II. — Éditions françaises, publiées a Londres.

= Voyage dans la Basse et la Haute-Égypte, pendant les campagnes du général Bonaparte, par Vivant Denon. *Londres, Longmann,* 1802, 2 vol. in-4°, et atlas in-folio contenant 61 pl. (grav. anglaises d'après les dessins de Denon.).

Cette édition publiée à Londres (par Jean-Gabriel Peltier, journaliste français retiré à Londres, auteur du pamphlet périodique *les Actes des Apôtres*, etc.), et plusieurs fois réimprimée, à Londres également, et dans le même format, notamment en 1803 et en 1804, est (comme l'édition de Londres, 1807, citée plus loin), un hommage rendu à l'intéressant ouvrage de Denon. « Elle coûtait à l'origine 150 fr., pap. ordin. et plus en gr. papier. » Le premier volume seul contient le texte du Voyage de Denon, lequel « renferme (dit Brunet) des corrections assez nombreuses et est mis dans un nouvel ordre. » Le second est composé de l'Explication des Planches, et augmenté d'un appendice très étendu, dans lequel sont compris des Relations particulières et des Mémoires, rédigés par des officiers et différents savants français, Membres de l'Expédition d'Egypte : MM. Grobert, Derozières, Ch. Norry, le général Andréossy, Malus, Le Père, Lancret, Chabrol, Nouet, Fourier, Costaz et Monge. Ces Mémoires ne se trouvent pas dans les éditions publiées à Paris, par Denon. — « Mais (dit Brunet), si ces augmentations donnent quelque prix à l'édition de Londres, elle est fort inférieure à celle de Paris pour l'exécution typographique et surtout pour les planches qui de 141, ont été réduites à 60. »

= Voyages dans la Basse et la Haute-Égypte, pendant les campagnes de Bonaparte en 1798 er 1799, par Vivant Denon et les savants attachés à l'Expédition des Français. *A Londres, 1807, imprimé pour Samuel Baxter.* 2 vol. in-4°, et atlas in-folio de 109 planches.

> Cette édition a été réimprimée à Londres, et dans le même format, en 1809. (*Vid.* Lowndes. *Bibliogr. Manual*).
>
> Les deux éditions sont ornées de 109 planches in-folio, dessinées et gravées en taille-douce par des artistes anglais, d'après les gravures de l'édition originale de Didot, 1802. Ces planches, quoique assez soignées, sont sans valeur artistique. Ce ne sont que de pâles copies, incolores, de celles de Paris, qui, elles, ont toutes été gravées sous la direction immédiate de l'auteur, et par des artistes spéciaux pour chaque genre, et expressément choisis par lui. Le premier volume seul de cette édit. anglaise, est composé du Voyage de Denon. Le second (comme dans l'édit. donnée à Londres, en 1802, par Peltier) comprend : l'Explication des Planches et divers Mémoires, écrits par des savants et des officiers, anciens Membres de l'Expédition française.

III. — Traductions anglaises.

= Travels in Upper and Lower Egypt, in company with several divisions of the French army, during the campaigns of general Bonaparte in that country, and published under his immediate patronage by Vivant Denon. Embellished with numerous engravings. Translated by Arthur Aikin. *London, printed for J.-N. Longman and O. Rees,* 1803. 3 vol. in-8°.

> A la fin du Tome III°, se trouve une liste de 60 planches, intercalées dans le texte des trois volumes. Ces planches sont numérotées de 1 à 22, 24 à 50, et 52 à 62. — W.-Th. Lowndes, dans « *the Bibliographer's manual of english literature,* » indique deux autres éditions, antérieures de date à celle-ci, de la même traduction : « *Lond.* 1802. 2 vol. in-4°. — Reprinted, 1802, 2 vol. in-8°. » — Lowndes ajoute que cette traduction est la meilleure en langue anglaise : « *The best English translation.* »

= Travels in Upper and Lower Egypt, in company with several divisions of the French army under the command of general Bonaparte, by Vivant Denon. Embellished with Maps, Plates, Vignettes, etc. Translated, without abridgement from the original folio editions, by Francis Blagdon esqᶜ. — *London, James Ridgway*, 1802. 2 vol. in-18. Tome 1ᵉʳ : lii-viii-352 pages, 1 carte géog. et 3 pl. grav. sur acier, se déployant, non signées, d'après Denon ; tome ii : xii-384 pages, 1 carte et 1 grav. sur acier, se déployant. — Quelques petites vignettes, assez grossièrement gravées sur bois, d'après Denon, sont imprimées dans le texte, dans les deux volumes.

> Cette édition fait partie d'une collection intitulée : « *Modern discoveries... or a collection of facts and observations... from the works of eminent authors*, by Francis Blagdon. » etc. Lowndes cite une autre édition de cette même traduction : « *Lond.* 1803, 2 vol. in-8°. *with maps, plates*, etc. »
>
> Lowndes indique encore une autre traduction, à laquelle est ajoutée une description de l'Invasion de l'Égypte par les Français : « *To which is prefixed an historical Account of the Invasion of Egypt by the French.* By E.-A. Kendal. *Lond.* 1802, 2 vol. in-8°. »

IV. — Traductions allemandes.

= Reisen durch Ober und Unter-Egypten wachrend Bonaparte's Feldzügen. Von Vivant Denon. Theil I : *Hamburg und Mainz* [Hambourg et Mayence], *bei Gottfried Vollmer*, 1803, in-8°, xx-290 Seiten. Theil II : zweite gaenzlich umgearbeitete, verbesserte und doch wohlfeilere Auflage. ib. s. a. in-8°, 296 Seiten.

(Bildet Band 1 und 2 des Magazins der neuesten und besten auslaendischen Reisebeschreibungen.)

= Vivant Denon's Reise in Nieder und Ober-Ægypten, wachrend der Feldzüge des Generals Bonaparte. Aus dem Französischen übersetzt und mit einigen Anmerkungen begleitet von Dieterich Tiedemann. Mit acht Kupfern. *Berlin, in der Vos-*

sischen Buchhandlung, 1803, in-8°, xviii-376 Seiten, und
1 unpaginirtes Blatt.

.(Bildet Band 25 des « Magazin von merkwürdigen neuen
Reisebeschreibungen aus fremden Sprachen übersetzt. » *Berlin,
Christian Friedrich,* 1790-1828. 37 vol. in-8°.)

> Outre ces deux Traductions allemandes, il en a paru une *troi-
> sième,* qui est plutôt un Abrégé du Voyage de Denon, corrigé et mis
> à la portée de la Jeunesse. Ce volume fait partie de la collection :
> F.-A.-L. Matthaei. Sammlung merkwürdiger Reisen für die Jugend.
> Mit Kupfern. *Hannover* [Hanovre], *Hahn,* 1807-1810, in-8°. Band I :
> John Turnbulls Reise um die welt. Band II : Vivant Denon's Reise
> nach Ægypten. — Ce second volume a été réimprimé séparément,
> en 1824, sous ce titre : « Vivant Denon's Reise nach Ægypten, für
> die Jugend bearbeitet von Friedrich-Ant.-Levin Matthaei. Zweite
> wohlfeile Ausgabe mit einem Kupfer. *Hannover, Hahn,* 1824 », 1 vol.
> in-8°.

V. — Traductions hollandaises.

= Reizen in Opper-en Neder-Egypten, geduurende de
veldtogten van den generaal Buonaparte, door den heer Vivant
Denon. Uit het Fransch vrijelijk vertaald. Woorafgegaan door
een geschiedkundig verhaal der verovering van Egypten door
de Franschen door den Heer E.-A. Kendal. Met kaarten en
plaaten. *In den Haage* [La Haye], *J.-C. Leeuwestijn.* 1803,
2 vol. in-8°. Tome 1er : cvii-389 pages, 2 cartes se déployant,
et 4 pl. gravées par H. Roosing, d'après les dessins de Denon,
de l'édit. de Didot, 1802 ; — tome ii : 455 pages et 3 pl. (dont 2
se déployant) grav. par le même.

= Reize in Opper-en Neder-Egipte, gedurende den veld-
tocht van Bonaparte, door Vivant Denon. Uit het Fransch door
Herm. Bosscha. Met. de woornaamste platen. *Amsterdam,
Johannes Allart,* 1803-4, 2 vol. in-8°. Tome 1er : xxx-325 pages,
1 carte géogr. et 20 pl. se déploy. gravées, d'après les dessins
de Denon, par Vinkeles et Vrydag ; — Tome ii : 312 pages, 1 carte,
et 11 pl. id. grav. par les mêmes.

VI. — Traduction italienne.

═ Viaggio nel Basso ed Alto Egitto, illustrato dietro alle tracce e ai Disegni del sig^{re} Denon. *Firenze* [Florence], *presso Giuseppe Tofani*, 1808, 2 vol. in-folio-Max : (Texte seul) 1 vol. de XII-214 pages, et 1 Atlas de 154 planches.

Cet ouvrage, à proprement parler, n'est pas une traduction du Voyage de Denon. La narration de ce célèbre savant a été presque totalement supprimée par l'Éditeur italien, l'Abbé François-Antoine Fontani (et non *Fontana*, comme l'imprime, à tort, Brunet), alors Bibliothécaire à la *Ricardiana*. L'Abbé Fontani s'est contenté de faire reproduire l'Atlas de Denon, en le disposant dans un nouvel ordre et en ajoutant (en un vol.) des notes explicatives pour faciliter l'intelligence des planches. — Les 154 pl. qui décorent cet ouvrage, toutes gravées sur cuivre, à l'aqua-teinte, au burin, et à la pointe, ont été exécutées à Florence, d'après les gravures de l'édition originale de Paris, par les artistes italiens dont les noms suivent : Joseph Pera, Angelo Volpini, François Inghiranni, Jean-Baptiste Cocchi, Benedetto Eredi, Jean Pacini, et Chev^r Cosimo Rossi. — Chaque planche est signée par le graveur qui l'a reproduite. Les sept premières planches sont marquées de A. à G., les autres sont simplement numérotées de 1 à 144. Le vol. est orné d'un petit portrait du traducteur. — Le nombre des gravures de cette édition italienne dépasse celui des Pl. de l'Atlas de Denon, parce que l'éditeur de Florence a fait graver et imprimer séparément des planches qui se trouvent parfois réunies sur une seule et même feuille dans la grande édition parisienne. — J'ajouterai encore, pour être complet, qu'une note du Catalogue des *Ouvrages à figures* du Cabinet Denon, 1826 (N° 765), attribue aussi cette *traduction* à « M. Giovanni degli Alessandri ».

U. R.-D.

ACHEVÉ D'IMPRIMER

SUR LES PRESSES

DE

A. AUPETIT, IMPRIMEUR

A CHATEAUROUX (INDRE),

LE XXV AOUT

M DCCC LXXX.

www.ingramcontent.com/pod-product-compliance
Ingram Content Group UK Ltd.
Pitfield, Milton Keynes, MK11 3LW, UK
UKHW020029080726
13614UKWH00004B/1638